Para:

....

De:

....

Su gracia vive aquí

... Y TE RECIBE CON
LOS BRAZOS ABIERTOS

MAX LUCADO

GRUPO NELSON
Una división de Thomas Nelson Publishers
Desde 1798

NASHVILLE   DALLAS   MÉXICO DF.   RÍO DE JANEIRO

Título en inglés: *Grace Happens Here*
© 2012 por Max Lucado
Compilado por Terri Gibbs
Publicado por Thomas Nelson, Inc.

Editora en Jefe: *Graciela Lelli*
Adaptación del diseño al español: *Grupo Nivel Uno, Inc.*
Diseño de la portada: *LeftCoast Design*
Créditos de las fotografías de iStock y Shutterstock se mencionan al final del libro

ISBN: 978-1-60255-867-0

Impreso en China

Printed in China

12 13 14 15 16 LEO 9 8 7 6 5 4 3 2 1

CONTENIDO

LA GRACIA

ME

alcanza

Descubrir la gracia

es descubrir la devoción total de Dios hacia ti,

su tenaz resolución de prodigarte

un amor
que limpia,
sana y
purifica,
que vuelve a poner de pie
a los heridos.

DIOS TE REGALA UN CORAZÓN NUEVO

Cuando surge la gracia, no recibimos una agradable felicitación de parte de Dios sino un corazón nuevo. Entrégale tu corazón a Cristo, y él te devolverá el favor. «Os daré corazón nuevo, y pondré espíritu nuevo dentro de vosotros» (Ezequiel 36.26).

Podrías llamarlo un trasplante espiritual de corazón.

Tara Storch comprende este milagro más que cualquier otra persona. En la primavera de 2010 un accidente de esquí se cobró la vida de su hija Taylor de trece años. Lo que sucedió después fue para Tara y su esposo Todd, la peor pesadilla que cualquier padre podría tener: un funeral, un entierro, un aluvión de preguntas y lágrimas. Ellos decidieron donar los órganos de su hija a pacientes que los demandaban. Pocas personas necesitaban más un corazón que Patricia Winters, a quien el suyo había empezado a fallarle cinco años antes, Estaba tan débil que dormir era de las pocas cosas que podía hacer. El corazón de Taylor le brindó a Patricia una oportunidad para comenzar una nueva vida.

Tara anhelaba solo una cosa: escuchar el corazón de su hija. Ella y Todd volaron de Dallas a Phoenix y fueron a casa de Patricia para oír palpitar el corazón de Taylor.

Las dos madres se abrazaron durante un buen rato. Luego Patricia ofreció un estetoscopio a Tara y a Todd. Cuando escucharon aquel ritmo vigoroso, ¿de quién era el corazón que oían? ¿No escuchaban el corazón aún palpitante de su hija? Estaba en un cuerpo diferente, pero seguía siendo el corazón de su hija. De igual modo, cuando Dios oye nuestros corazones, ¿no escucha el corazón aún palpitante de su Hijo?...

El cristiano es una persona en quien Cristo vive.

—*Gracia*

Dios nos ofrece su bondad
no con un cuentagotas sino con
una manguera contra incendios.

❖

Tu corazón es un vasito de cartón,
y la gracia del Señor es
el mar Mediterráneo.

Simplemente no puedes contenerlo por completo.

TÚ, SEÑOR, ERES DIOS CLEMENTE Y COMPASIVO,
LENTO PARA LA IRA,
Y GRANDE EN AMOR Y VERDAD.

Salmo 86.15 NVI

El Señor escribió el libro sobre la gracia. Animó a Adán y Eva a salir de la espesura; al homicida Moisés lo sacó del desierto. Consolidó a David en el trono, aunque sedujo a Betsabé; no se dio por vencido con Elías, aunque este lo abandonó.

Inmerecida. Inesperada. Gracia.

ANTES DE QUE SUPIÉRAMOS NUESTRA NECESIDAD

El banco me envió un aviso, una de mis hijas tenía su cuenta en rojo. Yo solía animar a mis hijas en edad universitaria para que administraran con cuidado sus cuentas bancarias. Aun así, ellas a veces se excedían con sus gastos.

¿Qué debía hacer? ¿Dejar que el banco asumiera el descubierto? No lo haría. ¿Enviarle a mi hija una carta expresando mi enfado? Una amonestación podría haberla ayudado después, pero no satisfaría al banco. ¿Llamarla por teléfono y decirle que hiciera un ingreso? Sería perder el tiempo. Yo conocía su liquidez. Cero.

¿Transferir el dinero de mi cuenta a la de ella? Parecía la mejor opción. Después de todo, yo tenía $25,37. Podía asumir el descubierto de la cuenta de mi hija y pagar los intereses.

Además, ese era mi trabajo. No te hagas ilusiones. Si estás en rojo, no me llames. Mi hija puede hacer algo que tú no puedes: ella me puede llamar papá. Y puesto que me llama papá, hice lo que hacen los papás. Cubrí la falta de mi hija.

Cuando le advertí que estaba en rojo, me dijo que lo sentía. Pero no se ofreció para hacer ningún ingreso. Estaba en bancarrota. Mi hija solo tenía una opción. «Papá, ¿podrías... ?», no la dejé terminar la frase. «Ya lo hice, mi amor». Suplí la necesidad de mi hija antes de que ella supiera que la tenía.

Mucho antes de que conocieras tu necesidad de gracia, tu Padre hizo lo mismo. Él hizo el ingreso, un depósito abundante: «Siendo aún pecadores, Cristo murió por nosotros» (Romanos 5.8). Antes de que supieras que necesitabas un Salvador, tuviste uno. Y cuando le pides compasión te responde: «Ya te la he dado, querido hijo. Ya te la he dado».

—*Cura para la vida común*

Jesús

trata con *gracia* tus días llenos de vergüenza.

Él se llevará tu culpa si se lo pides.

Lo único que él espera es que se lo pidas.

Tomamos nuestros corazones
llenos de inmundicia en las manos
y se los ofrecemos a Dios
como haríamos con flores marchitas
y sin perfume:

«¿Puedes revivir esto?».
Y él lo hace.

FUISTEIS RESCATADOS DE
VUESTRA VANA MANERA DE
VIVIR, LA CUAL RECIBISTEIS DE
VUESTROS PADRES, NO CON COSAS
CORRUPTIBLES, COMO ORO O
PLATA, SINO CON LA SANGRE
PRECIOSA DE CRISTO, COMO DE
UN CORDERO SIN MANCHA Y SIN
CONTAMINACIÓN.

1 Pedro 1.18–19

GRACIA PARA EL DESAYUNO

Los pensamientos de Pedro son interrumpidos por un grito desde la orilla. «¿Han pescado algo?».

Pedro y Juan levantan la mirada. Tal vez se trate de un aldeano. «¡No!», exclaman.

«¡Echen la red al otro lado!», les grita la voz.

Juan mira a Pedro. ¿Qué podrían perder? Así que lanzan la red.

Pedro se envuelve la cuerda alrededor de la cintura, disponiéndose a esperar.

Pero no hay espera. La cuerda se tensa, la red ha atrapado algo. Pedro acomoda su peso contra el costado de la barca y comienza a recoger la red. Está tan enfrascado en la tarea que no capta lo que está pasando.

No así Juan. Este momento le trae recuerdos. Como si hubiera pasado antes. La larga noche. La red vacía. El llamado a volver a lanzar la red. Los peces aleteando en el fondo de la barca. Espera un momento... Juan levanta la mirada hacia el hombre en la orilla. «Es él», susurra.

Luego grita: «¡Es Jesús!».

Pedro se vuelve y mira. Jesús, el Dios del cielo y la tierra, está en la orilla... y ha encendido una fogata.

El apóstol se lanza al agua, nada hasta la orilla, sale tambaleándose, mojado y tiritando, y se pone delante del amigo a quien había traicionado. Jesús tiene preparado un lecho de brasas.

Es una de las pocas ocasiones en su vida, en las que Pedro guarda silencio. ¿Qué palabras serían apropiadas? El momento es demasiado sagrado para hablar. Dios está ofreciendo un desayuno al amigo que lo traicionó. Y otra vez Pedro encuentra gracia en Galilea.

¿Qué se dice en un instante como este?

¿Qué dices ante una situación así?

Se trata de algo entre tú y Dios. Tanto tú como él sabéis lo que hiciste. Y ninguno de los dos está orgulloso. ¿Qué haces entonces?

Quizás actúes como lo hizo Pedro. Y decidas permanecer en la presencia de Dios. Delante de él. Te quedas quieto y esperas. A veces eso es lo único que una persona puede hacer. Demasiado arrepentida para hablar, pero demasiado llena de esperanza como para marcharse, por eso simplemente, nos quedamos sin hacer nada.

Permanecemos de pie, maravillados.

Jesús ha regresado.

El Señor te invita a intentarlo otra vez. Esta vez, con él.

—3:16 *Los números de la esperanza*

No somos
presuntuosos cuando
nos maravillamos ante
la gracia de Dios sino
cuando la
rechazamos.

El Señor brinda
segundas oportunidades,
como un comedor
de beneficencia
ofrece alimentos a *todo*
el que lo solicita.

DIOS APRUEBA AL QUE CREE EN ÉL SIN
QUE ESTO SE CONSIGA CON OBRAS.

Romanos 4.5 PDT

La salvación es el resultado
de la gracia.

⋯⋯⋯⋯⋯⋯⋯ ❧❧ ⋯⋯⋯⋯⋯⋯⋯

Ningún hombre o ninguna mujer

ha hecho alguna vez una labor

que mejore la obra de la cruz.

Sin excepción.

NUESTRO PADRE CELESTIAL BRINDA GRACIA

Ven conmigo a la sala de estar de Dios.

Siéntate en la silla hecha para ti y calienta las manos en la chimenea que nunca se apaga... Sitúate delante de la repisa y observa el cuadro que está colgado encima.

Tu Padre aprecia el retrato. Lo colgó allí donde todos pudieran verlo...

El cuadro capta la tierna escena de un padre y un hijo. Detrás de ellos hay una gran casa sobre una colina. Ante sus pies se encuentra un sendero angosto. El padre ha corrido desde la casa. El hijo ha subido penosamente el camino. Los dos se han encontrado en la entrada.

No podemos ver el rostro del hijo; está hundido en el pecho de su padre. No, no podemos verle la cara, pero sí le vemos la ropa harapienta y el cabello grasiento. Podemos verle la mugre en la parte trasera de las piernas, la inmundicia en los hombros y la bolsa vacía en el suelo. En un tiempo esa bolsa estuvo llena de dinero. En ese tiempo el muchacho estaba lleno de soberbia.

Pero eso fue una docena de tabernas atrás. Ahora tanto la bolsa como la soberbia se agotaron. El pródigo no ofrece ningún regalo o explicación. Lo único que ofrece es el hedor a cerdo y una disculpa ensayada: «Padre, he pecado contra el cielo y contra ti, y ya no soy digno de ser llamado tu hijo» (Lucas 15.21)...

Aunque no conseguimos ver la cara del joven en el cuadro, no podemos dejar de mirar la del padre. Miramos las lágrimas resplandeciéndoles en las curtidas mejillas, la sonrisa brillándole entre la barba plateada. Un brazo sostiene al hijo para que no caiga y el otro lo atrae hacia él para que no dude.

«Daos prisa», grita. «Sacad el mejor vestido, y vestidle; y poned un anillo en su mano, y calzado en sus pies. Y traed el becerro gordo y matadlo, y comamos y hagamos fiesta; porque este mi hijo muerto era, y ha revivido; se había perdido, y es hallado» (Lucas 15.22–24)...

Contempla esta escena y te acordarás de tu Dios: es correcto llamarlo Santo; decimos la verdad cuando lo llamamos Rey. Pero si quieres tocar su corazón, pronuncia la palabra que le gusta oír. Llámalo *Padre*.

—*La gran casa de Dios*

Cristo vino a la tierra por una razón: entregar su vida en rescate

········· ❖❖ ·········

por ti,

por mí,

por todos nosotros.

Él se sacrificó para darnos una segunda oportunidad.

ÉL HERIDO FUE POR NUESTRAS REBELIONES,
MOLIDO POR NUESTROS PECADOS.

Isaías 53.5

¿Has recibido alguna vez un regalo que se compare con la gracia de Dios?

Hallar este tesoro de compasión convierte en príncipe al más pobre mendigo.

Perderse este regalo convierte en indigente al hombre más rico.

EL MISERICORDIOSO AMOR DE DIOS

Cuando Martin Lutero se propuso imprimir la Biblia en Alemania, la hija de un impresor encontró el amor de Dios. Nadie le había hablado de Jesús. Lo único que sentía era miedo hacia Dios. Un día estaba recogiendo del suelo unas páginas caídas de la Biblia. En una hoja encontró las palabras: «Tanto amó Dios al mundo, que dio... » El resto del versículo aún no se había impreso. Sin embargo, lo que leyó fue suficiente para hacerla actuar. Pensar que el Señor estaba dispuesto a dar algo la llevó del miedo al gozo. La madre de la chica se dio cuenta del cambio de actitud.

Cuando le preguntó la causa de su felicidad, la hija sacó del bolsillo el trozo de papel arrugado con el versículo incompleto. La madre lo leyó y preguntó: «¿Qué dio él?». La joven se quedó sorprendida durante un instante, y luego contestó: «No sé. Pero si Dios nos amó tanto como para darnos algo, no debemos tenerle miedo».[1]

—No se trata de mí

DE TAL MANERA AMÓ DIOS
AL MUNDO, QUE HA DADO A
SU HIJO UNIGÉNITO, PARA
QUE TODO AQUEL QUE EN ÉL
CREE, NO SE PIERDA, MAS
TENGA VIDA ETERNA.

Juan 3.16

De todas las cosas que debemos

ganar en la vida,

el amor infinito de Dios

no es una de ellas.

Ya lo tienes.

Ponte cómodo sobre la mecedora de la gracia.

Ahora puedes descansar.

BUENA COSA ES AFIRMAR EL CORAZÓN
CON LA GRACIA, NO CON VIANDAS, QUE
NUNCA APROVECHARON A LOS QUE SE
HAN OCUPADO DE ELLAS.

Hebreos 13.9

Pedimos **gracia,**

solo para descubrir

que ya se nos ha ofrecido

perdón.

GRACIA QUE

salva

Jesús ya conoce
el valor de la gracia.
Ya conoce el precio
del perdón.

Pero de todos modos lo ofrece.

DIOS MUESTRA SU AMOR
PARA CON NOSOTROS, EN QUE
SIENDO AÚN PECADORES,
CRISTO MURIÓ POR
NOSOTROS.

Romanos 5.8

El Señor no contempló nuestras vidas
dañadas para decir luego:

«Moriré por ustedes
cuando lo merezcan».

No hizo eso, sino que a pesar
de nuestro pecado, frente a nuestra rebellion

❖

escogió adoptarnos.

JESÚS MURIÓ POR NUESTROS PECADOS

Cuando yo era niño leí una historia acerca de un amo ruso y un siervo que se fueron de viaje a una ciudad. He olvidado muchos de los detalles, pero recuerdo el final. Antes de que los dos hombres llegaran a su destino quedaron atrapados por una tormenta de nieve que les impedía ver nada. Perdieron el rumbo y no pudieron llegar a la ciudad antes del anochecer.

A la mañana siguiente algunos amigos preocupados salieron a buscar a los dos hombres, y finalmente encontraron al amo boca abajo en la nieve. Había muerto congelado. Cuando lo levantaron descubrieron al siervo... con mucho frío pero vivo. El hombre sobrevivió y contó que su amo quiso voluntariamente colocarse encima suyo para que pudiera vivir.

Durante años no pensé en esa historia. Pero cuando leí lo que Cristo dijo que haría por nosotros la recordé, porque Jesús es el Señor que murió por los siervos.

—Y los ángeles guardaron silencio

Fui recibido a misericordia, para que Jesucristo mostrase en mí el primero toda su clemencia, para ejemplo de los que habrían de creer en él para vida eterna.

1 Timoteo 1.16

Nuestro Salvador se hinca de rodillas y mira fijamente las acciones más terribles de nuestras vidas. Pero en lugar de retroceder horrorizado, él nos muestra su bondad diciendo:

«Te puedo limpiar si así lo deseas».

.... ❖❖ ....

Y desde la fuente de su gracia saca la palma de su mano llena de compasión y limpia nuestro pecado.

De la misma
manera que nuestra
fe no puede
ganar el amor
de Dios

nuestra estupidez
tampoco lo pone
en peligro.

La cruz fue pesada, la sangre fue real, y el precio fue desorbitado. Nos habría llevado a la bancarrota a ti y a mí, por tanto Jesús pagó por nosotros.

Puedes creer que fue algo sencillo. Llámalo un regalo. Pero no creas que fue algo fácil.

Llámalo por su nombre. Llámalo gracia.

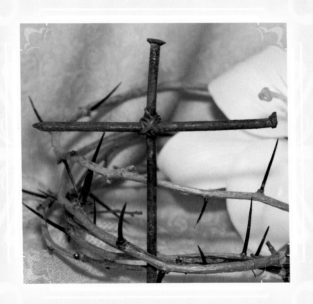

NUESTRO CASTIGO ESTÁ PAGADO

Cuando estábamos en el colegio, a mi hermano le regalaron para Navidad un rifle de aire comprimido. Inmediatamente convertimos el patio trasero en un campo de tiro y pasamos la tarde disparando a una diana de tiro con arco. En el momento en que mi hermano se aburrió de dar en el centro, me envió a buscar un espejo de mano. Se puso el rifle sobre el hombro, con el cañón apuntando hacia atrás y tras divisar por el espejo el centro de la diana, realizó su mejor imitación de Buffalo Bill. Pero no dio en el blanco. Tampoco le dio a la bodega que estaba detrás de la diana ni a la verja. No teníamos ni idea de dónde había ido a parar el balín, pero sí lo supo nuestro vecino del otro lado de la calle. Pronto apareció en la verja trasera preguntando quién había disparado el rifle de aire comprimido y quién iba a pagar el cristal de su puerta corredera.

En ese momento él ya no era mi hermano. Cambié de apellido y me convertí en una visita que había llegado de Canadá para pasar las vacaciones.

Mi padre fue más noble que yo. Al oír el ruido apareció en el patio trasero, acababa de despertarse de su siesta del día de Navidad y habló con mi vecino.

Estas fueron algunas de sus palabras:

«Sí, ellos son mis hijos».

«Sí, pagaré por lo que han hecho».

Cristo dice lo mismo acerca de ti. Él sabe que no diste en el blanco. Sabe que no puedes pagar por tus errores. Pero él si puede hacerlo. «Dios ofreció a Jesús como el sacrificio por el pecado» (Romanos 3.25 NTV).

——Enfrente a sus gigantes

Ser salvado por gracia es

ser salvado por

Jesús

no por una idea, doctrina, credo o
membresía de iglesia,

sino por *Jesús* mismo,

quien hará entrar al cielo a todo aquel
que lo acepte.

Si andamos en luz, como él está
en luz, tenemos comunión
unos con otros, y la sangre de
Jesucristo su Hijo nos limpia
de todo pecado.

1 Juan 1.7

Dios no pasa por alto tus pecados,
no sea que los apruebe.

Él no te castiga, no sea
que te destruya.

Más bien encontró una manera de
castigar el pecado y proteger al pecador.

Cristo llevó tu castigo, Dios te hace
valioso por la perfección de Jesús.

UN PECADOR SALVADO POR GRACIA

John había servido en el mar desde los once años de edad. Su padre era un capitán inglés de un buque mercante en el Mediterráneo, lo llevaba con él a bordo y lo entrenó bien para una vida en la Marina Real.

Pero lo que John llegó a ganar en experiencia le faltaba en disciplina. Se burlaba de la autoridad. Frecuentaba malas compañías. Abrazó la manera pecaminosa de vivir de algunos marinos. Aunque por su preparación hubiera podido alcanzar el grado de oficial, por su conducta fue azotado y degradado.

A los veinte años se dirigió a África, donde se interesó por el lucrativo negocio del comercio de esclavos. A los veintiuno se ganaba la vida en el *Greyhound*, un barco negrero que cruzaba el Océano Atlántico.

John ridiculizaba la moral y se burlaba de la religión. Hasta gastaba bromas acerca de un libro que finalmente le ayudaría a reformar su vida: *La imitación de Cristo*. Es más, estaba degradando ese libro algunas horas antes de que el barco se viera en medio de una furiosa tormenta.

Esa noche las olas azotaron al *Greyhound,* haciéndolo girar por un instante sobre la cresta de una ola. Hundiéndolo al siguiente dentro del valle de las aguas.

John despertó para encontrar su camarote inundado. Un costado del barco se había ido a pique. Por lo general un daño así habría hecho naufragar la nave en cuestión de minutos. No obstante, el *Greyhound* transportaba carga ligera y se mantuvo a flote.

John trabajó en las bombas toda la noche. Durante nueve horas él y los otros marinos lucharon por evitar que el barco se hundiera. Pero el joven sabía que esa era una causa perdida. Finalmente, cuando sus esperanzas estaban en peor estado que la embarcación, se tiró sobre la cubierta empapada de agua salada y suplicó: «Si esto no funciona, entonces que el Señor tenga misericordia de todos nosotros».

John no merecía misericordia, pero la recibió. Tanto el *Greyhound* como su tripulación sobrevivieron.

El hombre nunca olvidó la compasión divina mostrada en ese tempestuoso día en el rugiente Atlántico. Volvió a Inglaterra donde se convirtió en un poderoso predicador y en un compositor prolífico. Seguramente has entonado las canciones que compuso, como esta:

Sublime gracia del Señor, que a mí pecador salvó,
fui ciego mas hoy miro yo, perdido y él me amó.

Este traficante de esclavos convertido en compositor de himnos fue John Newton.

Durante sus últimos años, alguien le preguntó acerca de su salud. John confesó que sus facultades estaban fallando. Luego contestó: «Ya casi no tengo memoria, pero recuerdo dos cosas: que soy un gran pecador y que Jesús es mi grandioso Salvador».

—En el ojo de la tormenta

La salvación es asunto de Dios.

La gracia

es su idea, su obra,

y aquello por lo que pagó

un precio.

Los intentos de salvación propia solo garantizan agotamiento.

POR GRACIA SOIS SALVOS POR MEDIO DE LA FE; Y ESTO
NO DE VOSOTROS, PUES ES DON DE DIOS; NO POR
OBRAS, PARA QUE NADIE SE GLORÍE.

Efesios 2.8–9

Crees que Dios
te amaría más
si hicieras más,

❖

¿verdad?

Crees que si fueras mejor,
el amor de él sería
más profundo, ¿correcto?

¿Incorrecto?

PERDONADOS POR GRACIA

Durante los primeros días de la Guerra Civil un soldado de la Unión fue arrestado bajo el cargo de deserción. Ya que no pudo probar su inocencia, lo condenaron y sentenciaron a muerte como desertor. Su apelación fue a parar al escritorio de Abraham Lincoln. El presidente sintió compasión por el soldado y firmó el perdón. El soldado volvió al servicio, peleó durante toda la guerra, y murió en la última batalla. En el bolsillo de su camisa hallaron la carta firmada por el presidente.

Las palabras de perdón de su líder estaban cerca del corazón del soldado. El hombre encontró valentía en la gracia. Me pregunto cuántos miles más habrán hallado valor en la cruz engalanada de su Rey celestial.

—En manos de la gracia

La gracia se relaciona totalmente con Jesús.

❖❖

La gracia vive porque él vive,
obra porque él obra,
e importa porque él importa.

No puedes ser suficientemente bueno para merecer el perdón.

Por eso necesitamos un salvador.

CONFÍA EN LA GRACIA DE DIOS

Debes confiar en la gracia de Dios.

Sigue el ejemplo de los mineros chilenos. Atrapados debajo de setecientos metros de roca sólida, los treinta y tres hombres estaban desesperados. El derrumbe de un túnel principal les había cerrado la salida y empezó su lucha por la supervivencia. Comían dos cucharadas de atún, un sorbo de leche y un bocado de melocotón... un día sí y otro no. Durante dos meses oraron para que alguien los salvara.

Arriba en la superficie el equipo chileno de rescate trabajaba las veinticuatro horas del día, contra reloj, consultando a la NASA y reuniéndose con expertos. Diseñaron una cápsula de unos cuatro metros de largo y taladraron, primero un tubo de comunicación y luego un conducto. No había garantías de éxito. Nunca nadie que hubiera quedado atrapado bajo tierra durante tanto tiempo había vivido para contarlo.

Pero en esta ocasión sería diferente.

El 13 de octubre de 2010, los hombres comenzaron a emerger, estrechándose las manos con alegría y entonando canciones de victoria. Un bisabuelo. Un hombre de cuarenta y cuatro años que planeaba casarse. Luego un joven de diecinueve años. Todos tenían historias distintas, pero todos habían tomado la misma decisión: confiar en que alguien los salvaría. Nadie rechazó la oferta de rescate creyendo que podría hacerlo por sí mismo: «Puedo salir de aquí por mi cuenta. Solo denme un taladro nuevo». Habían contemplado la tumba de piedra durante mucho tiempo y habían llegado a una opinión unánime: «Necesitamos ayuda. Necesitamos que alguien penetre en este mundo y nos saque». Cuando llegó la cápsula de rescate, los mineros subieron sin dudar.

¿Por qué nos resulta tan difícil imitarles?

Nos es más fácil confiar en el milagro de la resurrección que en el de la gracia. Tememos tanto al fracaso que proyectamos una imagen de perfección, no sea que el cielo se desilusione de nosotros más de lo que ya lo estamos nosotros mismos. ¿El resultado? Las personas más agotadas de la tierra.

Los intentos de salvación propia solo garantizan el agotamiento. Nos pasamos la vida corriendo para tratar de agradar a Dios, coleccionamos medallas al mérito y nos esforzamos para conseguir puntos. Miramos con ceño fruncido a cualquiera que se atreva a cuestionar nuestros logros. Nos llamamos la iglesia, compuesta por gente con cara de pocos amigos y brazos caídos.

¡Basta ya! De una vez por todas, basta de esta locura. «Conviene que el corazón sea fortalecido por la gracia, y no por alimentos rituales» (Hebreos 13.9 NVI). Jesús no dice: «Vengan a mí todos los perfectos y puros», sino todo lo contrario. «Venid a mí todos los que estáis trabajados y cargados, y yo os haré descansar» (Mateo 11.28).

—*Gracia*

Si no has aceptado
el perdón de Dios,
estás condenado al temor.

❦❦

Podrás mitigar el miedo,
pero no lo puedes erradicar.

Solamente la gracia
de Dios puede hacerlo.

Jesús nos ama demasiado
como para dejarnos
con dudas acerca de su gracia.

Él no lleva una lista
con nuestras faltas.

Deja que la gracia
triunfe sobre
tu colección
de pecados, críticas
y tu conciencia culpable.

Mírate tal y cómo eres—

El proyecto de transformación

personal de Dios.

No una obra tuya sino una obra

en las manos del Señor.

TRANSFORMADO POR LA

Gracia

Dios obra el milagro
de la salvación.

· · · · · · · · · · · · · · · ❖ · · · · · · · · · · · · · · ·

Nos sumerge
en su misericordia.

Él remienda nuestras almas destrozadas.

La gracia de Dios nos cambia,
nos moldea, y nos lleva a una vida
transformada eternamente.

AUN ESTANDO NOSOTROS
MUERTOS EN PECADOS,
NOS DIO VIDA JUNTAMENTE
CON CRISTO
(POR GRACIA SOIS SALVOS).

Efesios 2.5

DIOS CAMBIA CORAZONES

Hace algunos años me sometí a una cirugía cardíaca. Los latidos de mi corazón tenían la regularidad de un telegrafista enviando mensajes en clave Morse. A veces se aceleraban, otras se volvían muy lentos. Después de varios intentos fallidos para restablecer un ritmo cardiaco saludable con medicación, mi médico decidió que me debían realizar una ablación por catéter. Este era el plan: un cardiólogo me insertaría dos cables en el corazón a través de una arteria. Uno era una cámara y el otro una herramienta de ablación. Realizar una ablación es cauterizar. Sí, cauterizar, quemar, chamuscar, sellar. Si todo salía bien, el médico, usando sus propias palabras, destruiría las partes de mi corazón que se «estaban portando mal».

Mientras me llevaban al quirófano me dijo si tenía alguna pregunta antes de que fuese demasiado tarde (No era lo mejor que podía decirme). Intenté ser gracioso.

«Me va a quemar el interior del corazón, ¿verdad?».

«Así es».

«Se trata de matar las células que se portan mal, ¿correcto?».

«Ese es mi plan».

«Mientras está allí, ¿podría dirigir su pequeño soplete hacia mi codicia, egoísmo, complejo de superioridad y sentimientos de culpa?».

El cirujano contestó sonriendo: «Lo siento, eso está fuera de mi alcance».

En realidad así era. El doctor no podía acceder a esos lugares, pero no están fuera del alcance de Dios. Su tarea es transformar los corazones.

Nos equivocaríamos si creyéramos que este cambio ocurre de la noche a la mañana. Pero nos equivocaríamos igualmente si pensáramos que no ocurrirá nunca . Podría llegar poco a poco; una sorpresa por aquí una victoria por allá. Pero llega. «La gracia de Dios se ha manifestado para salvación a todos los hombres» (Tito 2.11). Las compuertas se han abierto, y el agua está ahí. Solo que nunca sabes cuándo se filtrará la gracia.

¿Podrías usarla?

—*Gracia*

Gracia es la mejor idea de Dios.

· · · · · · · · · · ❖ · · · · · · · · · ·

En lugar de decirnos
que cambiemos,
él crea el cambio.

¿Nos limpiamos para que Dios
pueda aceptarnos? No, él nos acepta
y comienza a limpiarnos.

ACERQUÉMONOS, PUES,
CONFIADAMENTE AL TRONO
DE LA GRACIA, PARA ALCANZAR
MISERICORDIA Y HALLAR GRACIA
PARA EL OPORTUNO SOCORRO.

Hebreos 4.16

Gracia es la voz que nos invita
a cambiar y luego nos da
el poder para hacerlo.

CAMBIADO POR LA GRACIA

Víctor Hugo nos presentó a Jean Valjean en el clásico *Los miserables*. Comienza su historia en las primeras páginas del libro como un vagabundo, un prisionero de mediana edad, recién liberado de la cárcel, que lleva pantalones raídos y una chaqueta hecha jirones. Diecinueve años en una prisión francesa lo han vuelto rudo y audaz. Ha caminado durante cuatro días en medio del frío alpino del siglo diecinueve en el sudeste de Francia, solo para descubrir que no van a recibirle en ninguna posada y que en ningún mesón le darán de comer. Finalmente toca a la puerta de la casa de un obispo.

Monseñor Myriel tiene setenta y cinco años de edad. El religioso, al igual que Valjean, ha perdido mucho. La revolución se ha llevado todos los objetos de valor de su familia, menos algunos cubiertos de plata, un cucharón de sopa, y dos candelabros, también de plata. Valjean le cuenta su historia y espera que el religioso lo rechace. Pero el obispo es amable y le pide al visitante que se siente cerca de la chimenea.

«No tienes que decirme quién fuiste, le explica. Esta no es mi casa... es la casa de Jesucristo».[2]

Después, el obispo lleva al expresidiario a la mesa, donde ambos cenan sopa y pan, higos y queso, con vino, usando los finos cubiertos de plata del religioso.

El anfitrión le muestra a Valjean una alcoba. A pesar de la comodidad, el ex prisionero no puede dormir. Pese a la amabilidad del obispo, el hombre no puede resistir la tentación. Mete los artículos de plata en su mochila. El sacerdote duerme durante el robo, y Valjean huye al abrigo de la noche.

Pero no llega lejos. La policía lo captura y lo lleva de vuelta a la casa del obispo. Valjean sabe lo que significa su captura: prisión para el resto de su vida. Pero entonces ocurre algo maravilloso. Antes de que el policía pueda explicar el crimen, el obispo da un paso adelante.

«¡Ah! ¡Aquí estás! Me alegra verte otra vez. ¡No puedo creer que hayas olvidado los candeleros! También son de plata... Por favor, llévatelos junto con los tenedores y las cucharas que te regalé».

Valjean está asombrado. El obispo despide a los policías y se vuelve hacia el vagabundo: «Jean Valjean, hermano mío, ya no le perteneces al mal sino al bien. He comprado tu alma. Quité de ella los pensamientos y las acciones malvadas así como el espíritu del infierno, y se la entregué a Dios».[3]

Valjean tiene una alternativa: creer al sacerdote o creer a su pasado. Escoge lo primero. Se convierte en alcalde de un pequeño pueblo. Construye una fábrica y da trabajo a los pobres...

La gracia cambió a Valjean. Permite que te transforme a ti también.

—*Gracia*

Ver el pecado sin la
gracia es desesperante.
Ver la gracia sin el
pecado es arrogancia.
Verlos de forma
conjunta es conversión.

Con Cristo estoy juntamente crucificado, y ya no vivo yo, mas vive Cristo en mí; y lo que ahora vivo en la carne, lo vivo en la fe del Hijo de Dios, el cual me amó y se entregó a sí mismo por mí.

Gálatas 2.20

Cristo está obrando, cambiándote con determinación para que pases de no tener gracia a vivir moldeado por la gracia. Quienes han recibido regalos pueden dar.

ERES LA OBRA MAESTRA DE DIOS

El Señor te ve como una obra maestra a punto de ser finalizada.

Él hará contigo lo que Vik Muniz hizo con los recolectores de basura de Gramacho. Jardim Gramacho es el basurero más grande del mundo: el Godzilla de los vertederos de basura. Lo que Río de Janeiro desecha, Gramacho lo recibe. Los catadores escarban en la basura que Gramacho recibe.

Aproximadamente tres mil recolectores de basura se ganan la vida limpiando desperdicios y reciclando diariamente doscientas toneladas de material desechado. Ellos corren tras la interminable caravana de camiones, trepan con dificultad a las montañas de basura y se deslizan ladera abajo, por el camino van enganchando objetos. Clasifican y venden las botellas de plástico, tubos, cables y papel a los mayoristas que están al borde del vertedero.

A lo largo de la bahía, la estatua del *Cristo redentor* extiende sus brazos hacia el sur de Río de Janeiro y su zona de apartamentos frente al mar de un millón de dólares. Allí acuden los turistas, ninguno de los cuales va a Gramacho. Ninguno, excepto Vik Muniz.

Este artista nacido en Brasil convenció a cinco trabajadores de la basura para que posaran y les hizo retratos individuales. Suelem, una madre de dieciocho años de edad, ha trabajado en vertederos desde que tenía siete años. Isis es un alcohólico y drogadicto en recuperación. Zumbi lee todos los libros que encuentra en la basura. Irma cocina en una olla grande, al aire libre, alimentos desechados y los vende. Tiao ha organizado a los trabajadores en una asociación.

Muniz les tomó fotos de los rostros, luego amplió las imágenes hasta el tamaño de una cancha de baloncesto. Él y los cinco catadores delinearon los rasgos faciales con basura. Convirtieron los tapones de botellas en cejas. Las cajas de cartón se transformaron en líneas de mentón. Las llantas de neumáticos eran sombras. Poco a poco comenzaron a emerger imágenes de la basura. Muniz trepó a una plataforma de diez metros de alto y de nuevo hizo fotos.

¿El resultado? La segunda exhibición de arte con más éxito en la historia brasileña, superada solamente por las obras de Picasso. Muniz donó las ganancias a la asociación de recolectores de basura.[4] Se podría decir que el artista trató a Gramacho con gracia.

La gracia hace esto. Dios *hace* esto. La gracia es el Señor que viene a tu mundo con un destello en los ojos y una oferta difícil de resistir: «Siéntate tranquilo por un rato. Puedo hacer maravillas con este desastre tuyo».

Cree esta promesa. Confía en ella. Aférrate a cada pacto y esperanza como una lapa.

—*Gracia*

La gracia

abrazó el hedor
de los pródigos,
espantó el odio de Pablo,

.... ❖❖ ....

y promete hacer
lo mismo en nosotros.

La gracia
te persigue.
Te renueva.

De la inseguridad
a estar seguro en Dios.

Pasas de estar acribillado por el remordimiento a sentirte mejor, todo por la gracia. De temer morir a estar listo para volar.

Yo, yo soy el que borro tus
rebeliones por amor de mí mismo, y
no me acordaré de tus pecados.

Isaías 43.25

UN OASIS DE GRACIA

La cruz de Cristo crea un pueblo nuevo, gente a los que no les afecta el color de la piel o las enemistades heredadas. Una nueva ciudadanía basada no en una ascendencia o geografía compartida sino en un mismo Salvador.

Mi amigo Buckner Fanning experimentó esto de primera mano. Fue soldado durante la Segunda Guerra Mundial destinado a Nagasaki tres semanas después del lanzamiento de la bomba atómica. ¿Puedes imaginarte a un joven soldado estadounidense entre los escombros y las ruinas de una ciudad devastada? Las víctimas quemadas por la radiación deambulaban por las calles. La lluvia atómica radiactiva impregnaba la ciudad. Los cuerpos calcinados reducidos a negros ataúdes. Los sobrevivientes recorrían las calles con dificultad, buscando a familiares, algo de comida y esperanza. El soldado conquistador no siente victoria sino dolor por el sufrimiento a su alrededor.

En vez de ira o venganza, Buckner encontró un oasis de gracia. Mientras patrullaba las angostas calles se topó con un letrero que decía en inglés: Iglesia Metodista. Se fijó en la dirección y decidió volver al domingo siguiente por la mañana.

Cuando llegó entro en un lugar en parte derrumbado. Las ventanas estaban destrozadas y las paredes caídas. El joven soldado pasó por encima de los escombros sin saber cómo lo recibirían. Más o menos quince japoneses estaban poniendo sillas y sacando escombros. Cuando el soldado con su uniforme estadounidense llegó a su altura se quedaron quietos y se volvieron hacia él.

Solo había aprendido una palabra en japonés porque fue la que oyó. *Hermano.* «Me recibieron como a un amigo», relata Buckner, y todavía la intensidad de aquel momento continúa después de más de sesenta años. Le ofrecieron un asiento. El soldado abrió la Biblia, no entendió la predicación pero se quedó sentado mirando. Durante la Cena del Señor le ofrecieron el pan y el vino. En ese momento tan especial, la enemistad de las naciones y el dolor de la guerra se desvanecieron; un cristiano servía a otro el cuerpo y la sangre de Cristo.

—Más allá de tu vida

Por medio de Cristo heredamos abundante misericordia.

Suficiente para cubrir una vida de equivocaciones.

¿Podrá nuestro miedo acabar con la gracia de Dios? Primero tendría un pez que tragarse al océano.

Dios nos declara justos por medio de Cristo Jesús, quien nos liberó del castigo de nuestros pecados. Pues Dios ofreció a Jesús como el sacrificio por el pecado. Las personas son declaradas justas a los ojos de Dios cuando creen que Jesús sacrificó su vida al derramar su sangre.

Romanos 3.24–25 NTV

El Señor tiene **suficiente gracia** para solucionar cualquier dilema que enfrentes, para enjugar todas tus lágrimas, y para dar respuesta a todas tus inquietudes.

MOLDEADO
POR LA

Gracia

Gracia.

❖

Deja que la gracia penetre en las duras cicatrices de tu vida de modo que lo suavice todo.

Luego déjala brotar hacia la superficie, como una fuente en el Sahara, a través de palabras bondadosas y actos que muestran generosidad.

SED BENIGNOS
UNOS CON OTROS,
MISERICORDIOSOS,
PERDONÁNDOOS UNOS A OTROS,
COMO DIOS TAMBIÉN
OS PERDONÓ A VOSOTROS
EN CRISTO.

Efesios 4.32

Nunca se te pedirá
que concedas a alguien más gracia
de la que Dios te ha dado ya.

QUIEN RECIBE GRACIA DA GRACIA

Hace poco estuve cenando con unos amigos. Una pareja casada quiso compartir conmigo acerca de las dificultades que estaban atravesando. La esposa se había enterado a través de una serie de circunstancias de que su esposo le había sido infiel hacía más de diez años. Cuando ocurrió el pensó que lo mejor sería no contárselo a su esposa y nunca lo hizo. Pero ella al final lo averiguó. Y como puedes imaginarte, se sintió profundamente herida.

Siguiendo la guía de un consejero dejaron todo y se marcharon fuera durante unos días. Debían tomar una decisión. ¿Huirían de la situación, se pelearían o lograrían perdonar? Así que oraron. Hablaron. Pasearon juntos. Meditaron. En este caso la esposa estaba en su derecho. Podía haber abandonado a su esposo. Otras lo han hecho por menos motivos. O se podía quedar y hacerle la vida imposible. Algunas mujeres han hecho eso. Pero ella iba a tomar una decisión diferente.

En la décima noche del viaje mi amigo encontró una tarjeta sobre su almohada, en la que estaba escrito este verso: «Prefiero no hacer nada contigo a hacer algo sin ti». Debajo ella había escrito estas palabras:

Te perdono. Te amo. Sigamos adelante.

—*Como Jesús*

La gracia no es ciega.

Ve muy bien la herida. Pero la gracia elige ver aun más el perdón de Dios.

CRECED EN LA GRACIA
Y EL CONOCIMIENTO
DE NUESTRO SEÑOR Y SALVADOR
JESUCRISTO.

2 Pedro 3.18

. . . .

BÁSTATE MI GRACIA;
PORQUE MI PODER
SE PERFECCIONA EN
LA DEBILIDAD.

2 Corintios 12.9

Tienes al Espíritu
de Dios dentro de ti.

Huestes celestiales por encima de ti.
Jesucristo intercediendo por ti.

❖

Tienes suficiente gracia
de Dios para sustentarte.

GRACIA PARA CADA NECESIDAD

El nacimiento de nuestro primer hijo coincidió con la anulación de nuestro seguro de salud. Todavía no sé qué pasó. Quizás tuvo algo que ver el hecho de que la empresa estuviera en los Estados Unidos y que Jenna naciera en Brasil. Denalyn y yo salimos del hospital con la alegría de una bebita de ocho libras y la carga de dos mil quinientos dólares de gastos hospitalarios.

Liquidamos la factura quedándonos sin nuestros ahorros. Estábamos agradecidos de haber podido pagar la deuda pero desconcertados por el problema del seguro, me pregunté: «¿Está Dios tratando de decirnos algo?».

Unas semanas después llegó la respuesta. Yo compartía en un retiro de una iglesia pequeña y alegre en Florida. Un miembro de la congregación me entregó un sobre y me dijo: «Esto es para su familia». Tales regalos eran frecuentes. Estábamos habituados y agradecidos por estas donaciones inesperadas que por lo general ascendían a cincuenta o cien dólares. Imaginé que se trataría de una cantidad parecida. Pero cuando abrí el sobre, el cheque era (y quizás lo hayan adivinado) por una cantidad de dos mil quinientos dólares.

Dios me había hablado por medio del lenguaje de la necesidad. Fue como si dijera: «Max, estoy involucrado en tu vida. Me haré cargo de ti».

—*Él escogió los clavos*

Moramos en un jardín de gracia.
El amor de Dios brota a nuestro alrededor
como lilas y nos circunda como
fuertes pinos de Georgia.

EL QUE TIENE MISERICORDIA SE
APIADARÁ DE TI; AL OÍR LA VOZ DE TU
CLAMOR TE RESPONDERÁ.

Isaías 30.19

Dios tiene recursos de los cuales no sabemos nada, soluciones que se escapan a nuestra realidad, y provisión fuera de nuestras posibilidades.

Nosotros vemos problemas; Dios ve provisión.

MOLDEADA POR GRACIA

Una noche de noviembre de 2004, Victoria Ruvolo, una neo-yorquina de cuarenta y cuatro años, conducía hacia su casa en Long Island. Acababa de asistir al recital de su sobrina y estaba lista para relajarse en el sofá con el calor del fuego.

La mujer no recordaba haber visto al Nissan plateado aproximándose por el lado este. No recordaba nada del joven de dieciocho años asomado por la ventanilla y soste-niendo, quién lo diría, un pavo congelado que lanzó contra su parabrisas.

El ave, que pesaba veinte libras, atravesó el cristal, dobló el volante, y se estrelló contra el rostro de Victoria como un plato de comida sobre hormigón. La violenta travesura la dejó luchando por su vida en la unidad de cuidados inten-sivos. La mujer sobrevivió, pero solo después de que los médicos le inmovilizaran la mandíbula, le fijaran un ojo con tejido sintético, y le atornillaran placas de titanio al cráneo. No se puede mirar al espejo sin recordar el dolor.[5]

Nueve meses después de aquella desastrosa noche de noviembre, la mujer, cuyo rostro aún tenía las huellas del accidente, se vio cara a cara con su agresor. Ryan Cushing ya no era el chico engreído que había lanzado el pavo desde un Nissan. Estaba temblando, llorando y le pedía disculpas. Para la ciudad de Nueva York el desadaptado social había llegado a simbolizar a una generación de muchachos sin freno. Había buenos ciudadanos en el juzgado que deseaban ver como el muchacho recibía su justo merecido. Los enfureció la sentencia del juez: solo seis meses tras las rejas, cinco años de libertad condicional, algo de consejería, y servicio social.

La sala irrumpió en quejas. Nadie estaba de acuerdo. Nadie, excepto Victoria Ruvolo. La idea de una sentencia reducida había sido suya. El muchacho se acercó, y Victoria lo abrazó. A la vista del juez y de los allí presentes, ella lo retenía con fuerza y le acariciaba el cabello. Mientras el joven sollozaba, Victoria le dijo: «Te perdono. Quiero que tu vida sea tan buena como sea posible».[6]

La mujer permitió que la gracia moldeara su reacción. «El Señor me dio una segunda oportunidad en la vida, y te la estoy transmitiendo», manifestó hablando de forma generosa.[7] «Si no me hubiera despojado de esa ira, la necesidad de venganza me habría consumido. Perdonar al chico me ayuda a seguir adelante».[8]

El percance que esta noble mujer sufrió la condujo a su misión: ser voluntaria del departamento de libertad condicional del condado.

«Estoy tratando de ayudar a otros, aunque sé que durante toda mi vida me conocerán como "La Dama del Pavo". Pudo haber sido peor. Si el chico me hubiera lanzado una hamburguesa, ¡me llamarían Miss Chanchita!».[9]

—*Gracia*

Este es el regalo que
Dios ofrece: una gracia
que nos concede primero
el poder para recibir
amor y luego el poder
para entregarlo.

Quienes reciben gracia
dan gracia.

❖❖

Las personas
perdonadas perdonan.

❖❖

Aquellos saturados de
misericordia rebosan
de misericordia.

LA BONDAD DE DIOS ES PARA GUIARTE A QUE
TE ARREPIENTAS Y ABANDONES TU PECADO.

Romanos 2.4 NTV

TANTA BONDAD

«Mañana celebraremos cuarenta y cuatro años», dijo Jack, mientras daba de comer a su esposa.

La mujer estaba calva. Tenía los ojos hundidos y hablaba con dificultad. La mirada perdida , solo abría la boca cuando él le acercaba el tenedor. Jack le limpió la mejilla y le secó la frente.

«Lleva enferma cinco años», me contó él. «No puede caminar. No puede cuidar de sí misma. Ni siquiera se puede alimentar, pero la amo».

Entonces Jack habló más fuerte para que la esposa pudiera oírle: «Vamos a superar esta situación, ¿verdad, mi amor?».

El hombre le dio unos bocados más y siguió hablando: «No tenemos seguro. Cuando podía permitírmelo creí que no lo necesitaríamos. Ahora debo al hospital más de cincuenta mil dólares».

Se quedó en silencio por unos momentos mientras le daba de beber a su esposa. Luego continuó. «Pero no me acosan. Saben que no puedo pagar, nos admitieron sin hacer preguntas. Los médicos nos tratan como si fuéramos los pacientes que mejor pagamos. ¿Quién habría imaginado tanta bondad?».

Estuve de acuerdo con él. ¿Quién habría imaginado tanta bondad? En un mundo tan duro, donde se crítica una asistencia médica tan especializada y cara, era un consuelo encontrar médicos dispuestos a ayudar a dos personas que no tenían nada para dar a cambio.

—*En el ojo de la tormenta*

Una de las mejores maneras de celebrar el admirable amor y la gracia de Dios es compartir con otros algo de ese amor y esa gracia.

AL QUE NO CONOCIÓ PECADO,
POR NOSOTROS LO HIZO PECADO,
PARA QUE NOSOTROS FUÉSEMOS HECHOS
JUSTICIA DE DIOS EN ÉL.

2 Corintios 5.21

UN AMOR SATURADO DE GRACIA

Las voces la sacaron de la cama.

«¡Levántate, ramera!».

Los sacerdotes abrieron de golpe la puerta del dormitorio, descorrieron las cortinas y arrancaron las mantas. Antes de poder sentir la calidez del sol matutino, ella sintió la fuerza de su desprecio.

«¡Deberías avergonzarte!».

Apenas tuvo tiempo para cubrirse el cuerpo antes de que la hicieran marchar por las estrechas calles. Los perros ladraban. Los gallos salían corriendo despavoridos. Algunas mujeres se asomaron a las ventanas. Las madres apartaban a sus hijos del camino.

Y como si la incursión al dormitorio y el desfile vergonzoso no hubieran bastado, los hombres la metieron violentamente en medio de una clase bíblica matutina.

> Y por la mañana [Jesús] volvió al templo, y todo
> el pueblo vino a él; y sentado él, les enseñaba.
> Entonces los escribas y los fariseos le trajeron
> una mujer sorprendida en adulterio; y poniéndola
> en medio, le dijeron: Maestro, esta mujer ha sido
> sorprendida en el acto mismo de adulterio. Y en
> la ley nos mandó Moisés apedrear a tales
> mujeres. Tú, pues, ¿qué dices? (Juan 8.2–5)

Los estudiantes asombrados estaban quietos, a un lado de
la pecadora. Los acusadores religiosos al otro. Tenían sus
preguntas y convicciones; ella medio arrastraba una bata
casera estropeada y tenía corrido el lápiz labial. Los acusadores se jactaban : «Esta mujer ha sido sorprendida en el
acto mismo de adulterio. Y en la ley nos mandó Moisés
apedrear a tales mujeres. Tú, pues, ¿qué dices?».

La mujer no tenía salida. ¿Negaría la acusación? La habían
atrapado. ¿Pediría clemencia? ¿De quién? ¿De Dios? Los

interlocutores de Jesús tomaban piedras y hacían muecas. Nadie la defendería.

Pero alguien se inclinaría hacia ella.

«Jesús, inclinado hacia el suelo, escribía en tierra con el dedo» (v. 6). Habríamos esperado que se pusiera de pie, que diera un paso adelante, o incluso que subiera por una escalinata y hablara. Pero en vez de eso se inclinó. Se inclinó por debajo de todo el mundo: de los sacerdotes y el pueblo, y hasta de la mujer misma.

Él tiene la tendencia a inclinarse. Se inclinó ante el madero romano contra el que lo flagelaron. Se agachó para cargar la cruz. La gracia tiene que ver con un Dios que se inclina. Aquí se inclinó para escribir en la tierra.

El pelotón se impacientó con un Jesús silencioso e inclinado. «Y como insistieran en preguntarle, se enderezó» (v. 7).

El Maestro se irguió por completo hasta que sus hombros estuvieron derechos y la cabeza elevada. Se irguió a favor de la mujer. Se colocó entre ella y la turba enardecida: «El que de vosotros esté sin pecado sea el primero en arrojar la piedra contra ella. E inclinándose de nuevo hacia el suelo, siguió escribiendo en tierra» (vv. 7–8).

Los que proferían insultos cerraron la boca. Las piedras fueron cayendo al suelo. Jesús volvió a garabatear. «Pero ellos, al oír esto, acusados por su conciencia, salían uno a uno, comenzando desde los más viejos hasta los postreros; y quedó solo Jesús, y la mujer que estaba en medio» (v. 9).

Cristo no había terminado. Se puso de pie una última vez y preguntó a la adúltera: «¿Dónde están los que te acusaban? ¿Ninguno te condenó? Ella dijo: Ninguno, Señor. Entonces Jesús le dijo: Ni yo te condeno; vete, y no peques más» (Juan 8.10–11).

A los pocos minutos el patio quedó vacío. Jesús, la mujer, los acusadores… todos se marcharon. Pero quedémonos nosotros. Miremos las piedras en el suelo, abandonadas sin haber sido usadas. Y contemplemos los garabatos en la tierra. Este es el único sermón que Jesús escribiera alguna vez. Aunque no conocemos las palabras, me estoy preguntando si se parecían a estas:

Aquí obró la gracia.

—*Gracia*

PARA QUE JUSTIFICADOS
POR SU GRACIA,
VINIÉSEMOS A SER HEREDEROS
CONFORME A LA ESPERANZA
DE LA VIDA ETERNA.

Tito 3.7

Cuando amas a los
que no son dignos de
amor puedes hacerte
una idea de lo que
Dios hace por ti.

Cuando mantienes encendida la luz del pórtico para el hijo pródigo, cuando haces lo correcto aunque te hayan estado ofendiendo, cuando amas a los débiles y enfermos, actúas tal y como Dios obra en cada momento.

FORTALECIDO
POR LA
Gracia

Dios es el gran dador.
El gran proveedor.

⬦⬦

La fuente de toda bendición.

Absolutamente generoso y
totalmente confiable.

Nos atrevemos a depositar *nuestra esperanza* en la más agradable de todas las noticias:

Si Dios permite el desafío,

proporcionará la gracia para enfrentarlo.

EL QUE NO ESCATIMÓ NI A SU PROPIO HIJO,

SINO QUE LO ENTREGÓ POR TODOS NOSOTROS,

¿CÓMO NO NOS DARÁ TAMBIÉN CON ÉL TODAS LAS COSAS?

Romanos 8.32

DIOS USA A PERSONAS COMO TÚ Y YO

El Señor cambia el mundo con gente como tú.

Pregunta a las veintidós personas que viajaron a Londres en una mañana de otoño de 2009 para dar las gracias a Nicholas Winton. Alguien podría haberles confundido con el club social de un asilo de ancianos. El poco cabello que les quedaba a la mayoría era canoso. Caminaban arrastrando los pies y con paso lento.

Pero este no era un viaje para la tercera edad. Era una marcha de gratitud. Venían a agradecer al hombre que les había salvado la vida: un encorvado centenario que los recibió en la plataforma de un tren como lo hiciera en 1939.

En esa época él era un corredor de bolsa de veintinueve años de edad. Los ejércitos de Hitler causaban estragos en la nación de Checoslovaquia, separaban a las familias judías y obligaban a los padres a marchar a los campos de concentración. Nadie se preocupaba por los niños. Winton se enteró de la situación de estos pequeños y decidió ayudarlos. Usó sus vacaciones para viajar a Praga, donde conoció a padres que increíblemente estuvieron dispuestos a confiar el futuro de sus hijos en manos de este hombre. Después de regresar a Inglaterra, durante el día trabajaba en su oficio cotidiano en la bolsa de valores y por la noche abogaba por los niños. Convenció al gobierno de Gran Bretaña para que permitiera la entrada de los pequeños. Encontró hogares adoptivos y recaudó fondos. Luego programó su primer transporte el 14 de marzo de 1939, y llevó a cabo siete viajes más en los cinco meses siguientes. Su último tren cargado de niños llegó el 2 de agosto, aumentando a 669 el total de niños rescatados.

El 1 de septiembre se debía realizar el transporte con mayor número de niños juntos, pero Hitler invadió Polonia, y Alemania cerró las fronteras en toda Europa. Nunca se volvió a saber de los 250 niños que iban en ese tren.

Después de la guerra, Winton no informó a nadie de sus esfuerzos de rescate, ni siquiera a su esposa. En 1988 ella encontró en el ático un álbum de recortes con fotos de los niños y una lista completa de nombres. La mujer lo convenció para que contara la historia. A medida que lo hacía, los niños rescatados volvían para darle gracias. El grupo de personas agradecidas incluye un director de cine, un periodista canadiense, un corresponsal de noticias, un ex ministro del gabinete británico, el gerente de una revista, y uno de los fundadores de la Fuerza Aérea Israelí. Hay unos siete mil niños, nietos y bisnietos que deben su existencia a la valentía de Winton. Él lleva un anillo obsequiado por algunos de los chiquillos que salvó, que contiene una frase del Talmud, el libro de la ley judía: «Salva una vida. Salva al mundo».[10]

—Más allá de tu vida

¿Conoces la gracia de Dios?

Entonces puedes amar de manera **atrevida** *y vivir con* **fortaleza.**

Nada aviva tanto el valor como una clara comprensión de la gracia.

Brinda gracia, una vez más.
Sé generoso, una vez más.

CADA UNO
SEGÚN EL DON
QUE HA RECIBIDO,
MINÍSTRELO A LOS OTROS,
COMO BUENOS ADMINISTRADORES
DE LA MULTIFORME GRACIA DE DIOS.

1 Pedro 4.10

UN AMOR QUE SE DA A SÍ MISMO

Jesús contó la historia de un adinerado hombre blanco que conducía a casa desde su oficina en el centro de la ciudad. Como era tarde y estaba cansado, tomó la ruta directa, que atravesaba el sector más peligroso de la población. Quizás no lo sepas pero se quedó sin combustible. Mientras caminaba hacia una gasolinera lo asaltaron y pensando que estaba muerto le abandonaron en la acera.

Unos minutos más tarde, pasó un predicador que se dirigía a una reunión de la Iglesia, por la tarde. Vio al hombre en la acera y se dispuso a ayudar, pero entonces se dio cuenta de que sería demasiado peligroso detenerse.

Poco después, llegó un líder respetado por la comunidad y vio al hombre, pero decidió que era mejor no involucrarse.

Finalmente, un viejo inmigrante hispano que conducía un camión destartalado vio al hombre, se detuvo y lo llevó al hospital. Pagó la factura por los cuidados médicos y siguió su camino.

He cambiado los personajes de esta historia pero no la pregunta que hizo Jesús: «¿Quién... fue el prójimo del que cayó en manos de los ladrones?» (Lucas 10.36). Tu prójimo no solo es la persona de la casa de al lado sino los que viven en otra calle o incluso en un barrio marginado. Son aquellas personas a los que quizás te han enseñado que no ames. Para los judíos en la época de Jesús, el prójimo era un samaritano.

Para un israelí de hoy en día, es un palestino.

Para un árabe, un judío.

Para un hombre negro, ¿qué tal un conductor de camión, armado hasta los dientes, que masca tabaco y usa una desgastada gorra de béisbol?

Para el hispano pobre, ¿qué tal el hispano rico? Para cualquier hispano, ¿qué tal alguien que te llamaba «espalda mojada»?

Para el blanco, aquel que te llamaba «gringo».

Para el negro, aquel que te llamaba «mozo».

Amar a tu prójimo es amar a quien solías odiar.

——*Max habla sobre la vida*

Si con todas mis debilidades y faltas, Dios me permite llamarlo

Padre,

¿no debería yo extender la misma gracia a otros?

POR ESTO FUI RECIBIDO A MISERICORDIA,
PARA QUE JESUCRISTO MOSTRASE EN MÍ
EL PRIMERO TODA SU CLEMENCIA,
PARA EJEMPLO DE LOS QUE HABRÍAN
DE CREER EN ÉL PARA VIDA ETERNA.

1 Timoteo 1.16

Si Dios nos amó tanto,
¿no podemos amarnos unos a
otros? Habiendo sido perdonados,
¿no podemos perdonar?
Después de haber festejado
en la mesa de la gracia,
¿no podemos compartir
algunas migajas?

DIOS SUPLE NUESTRAS NECESIDADES CON GRACIA

Heather Sample supo que había problemas en el momento en que vio el corte en la mano de su padre. Los dos se habían sentado para comer algo rápido entre las diferentes operaciones. Heather miró la herida y le preguntó al respecto. Cuando Kyle le explicó que se había cortado mientras estaba realizando una operación quirúrgica sintió que la invadían fuertes nauseas.

Los dos eran médicos. Ambos conocían perfectamente el riesgo y eran conscientes del peligro de tratar a enfermos de SIDA en Zimbabue Y ahora los temores que tenían se habían hecho realidad.

Kyle Sheets era un veterano con doce años de viajes médicos misioneros... Este viaje a Zimbabue no era el primero que realizaba.

Pero sí su exposición al SIDA.

Heather pidió a su padre que comenzará de inmediato con el tratamiento antirretroviral para prevenir la infección VIH. Kyle estaba reacio. Conocía los efectos secundarios que podrían convertirse en una amenaza incluso para la propia vida. Sin embargo, su hija insistió, y él accedió. A las pocas horas el hombre estaba gravemente enfermo.

Adelantaron la salida pero se preguntaban si Kyle sobreviviría al viaje de cuarenta horas que incluía una escala de doce horas en Sudáfrica y un vuelo de diecisiete horas hasta Atlanta.

Kyle abordó el avión transoceánico con fiebre de 40,5° C. Se estremecía con escalofríos. Ya en ese momento tenía problemas para respirar y no podía sentarse. Estaba incoherente, sus ojos con un tono amarillento. El hígado expandido le provocaba mucho dolor. Tanto el padre como la hija reconocieron los síntomas de una insuficiencia hepática aguda. Heather sentía sobre los hombros el peso de la vida de su padre.

Ella explicó la situación a los pilotos y los convenció de que la única esperanza para su padre era volar lo más rápidamente posible a los Estados Unidos. Tenía solo un estetoscopio y un vial de epinefrina, se sentó al lado del enfermo y se preguntaba cómo se las arreglaría para llevar el cuerpo de su padre hacia el pasillo si necesitaba darle reanimación cardiopulmonar, en caso de que se detuviera su corazón.

A los pocos minutos de vuelo Kyle se quedó dormido. Heather pasó por encima de él y fue al baño justo a tiempo para vomitar el agua que acababa de beber. Se desplomó sobre el suelo en posición fetal y lloró: *Necesito ayuda*, clamaba.

No recordaba durante cuánto tiempo había orado, pero fue lo suficiente como para que un pasajero preocupado pegara a la puerta. Heather la abrió y se encontró con cuatro hombres de pie en el área de cocina de la nave. Uno le preguntó si se encontraba bien. La preocupada hija le aseguró que estaba bien y que era médico. El rostro del hombre se iluminó mientras le contaba que él y sus tres amigos también eran médicos. «¡Y otros noventa y seis pasajeros!», añadió. Cien médicos mexicanos se hallaban en el vuelo.

Heather les explicó la situación y les pidió ayuda y sus oraciones. Ellos le brindaron las dos cosas. Avisaron a un colega que era médico especialista en enfermedades contagiosas. Juntos evaluaron la condición de Kyle y coincidieron en que no se podía hacer nada más de momento.

Se ofrecieron para vigilar al enfermo de modo que la hija pudiera descansar. Heather lo hizo. Cuando despertó, Kyle se había incorporado y hablaba con uno de los médicos. Aunque aún era un paciente que aún requería cuidados intensivos, se encontraba mucho mejor. Heather empezó a reconocer la mano del Señor en acción, que los había puesto exactamente en el avión adecuado, con las personas adecuadas, y les había suplido su necesidad con gracia.

—Gracia

Eres un trofeo de la bondad del Señor, un participante en su misión. Aunque no eres perfecto, estás más cerca de la perfección. Cada vez más fuerte, poco a poco mejor. Es obra de la gracia.

El ofrecer gracia es lo que
te ayuda a entenderla,

porque cuando perdonamos
a otros comenzamos a sentir
lo que Dios siente.

Mira a tu enemigo como a un hijo de Dios y considera la venganza asunto del Señor.

¿Cómo podemos hacer menos los que hemos recibido gracia? ¿Nos atrevemos a pedirle gracia al Señor cuando nos negamos a otorgarla?

UN REGALO DE GRACIA

Llevaba en San Antonio poco tiempo cuando decidí que debía comprarme una chaqueta nueva para Semana Santa. En el lugar donde ministraba, en Brasil, la gente no solía llevar abrigos ni corbatas, así que no tenía mucho de esas prendas. Finalmente fui a comprarme la chaqueta. Cuando me hallaba ante el perchero me di cuenta de que a mi lado se encontraba alguien muy conocido, Red McCombs, que tenía tiendas de coches usados y que fue el dueño de un equipo de fútbol americano, de la Liga de Fútbol Nacional, en Minnesota.

Nos saludamos y hablamos de algunas cosas. Me contó que tenía un hermano que era pastor. Le hablé de lo feliz que yo vivía en San Antonio. Después volvimos a nuestras compras. Me decidí por una chaqueta y cuando fui a pagarla, me dijeron: «Su prenda ya está pagada. El hombre con quien estuvo hablando saldó la cuenta». Mi primer pensamiento fue: *¡Vaya! Tendría que haber elegido algunos pantalones, también.*

Como verás yo tenía una deuda que debía pagar. De pronto descubrí que mi deuda había sido cancelada. Podía rechazar o aceptar el regalo. La decisión era fácil. La persona que hacía el regalo tenía muchos recursos con los qué pagar la prenda. Yo no tenía motivo para dudar de su sinceridad o capacidad.

Ni tú tampoco. Dios tiene todos los recursos para amarte y cuidarte.

—*Max habla sobre la vida*

A los misericordiosos, afirma Jesús, se les muestra misericordia.

Testifican de la gracia.

Son bienaventurados al ser testimonios

de una bondad mayor.

*El Señor da
sus bendiciones según las*

riquezas de su gracia,

*no según lo profundo
de nuestra fe.*

ESTOY CONVENCIDO DE ESTO:
EL QUE COMENZÓ TAN BUENA OBRA
EN USTEDES LA IRÁ PERFECCIONANDO
HASTA EL DÍA DE CRISTO JESÚS.

Filipenses 1.6 NVI

GRACIA

Generosa

*Cuando hay gracia,
hay generosidad.*

*Hacemos cosas que nacen
de un corazón bueno,
que llaman la atención
y no se pueden ocultar.*

¿Has recibido gracia hoy?

La previsión
para mañana
es abundancia.

UN BESO DE BONDAD

Mi amigo Kenny y su familia acababan de regresar de Disney World. Me contó que había sido testigo de algo que nunca olvidaría y quería compartirlo conmigo. Él y su familia entraron a ver el castillo de Cenicienta, que estaba abarrotado de niños con sus padres. De repente, todos los pequeños corrieron hacia un lado. Si hubiera sido un barco el castillo se habría volcado. Cenicienta había llegado.

Cenicienta. La princesa inmaculada. Kenny me dijo que habían encontrado a la mejor persona para desempeñar el papel. Una hermosa jovencita, con cada cabello en su lugar, piel preciosa y sonrisa radiante. Estaba rodeada por niños que la cubrían hasta la cintura. Todos querían tocarla y que ella les tocase.

Por alguna razón Kenny se volvió y miró hacia el lado opuesto al lugar donde se hallaba Cenicienta. Estaba vacío, solo había un niño de unos siete u ocho años de edad. Era difícil determinar su edad porque su cuerpo estaba bastante desfigurado.

Era enano de estatura, su cara estaba deforme. Se quedó mirando en silencio y con tristeza, tomado de la mano de un hermano mayor.

¿Sabes qué quería el pequeño? Estar con los demás niños. Ansiaba moverse en medio de los chicos que alargaban su mano hacia Cenicienta, llamándola por su nombre. ¿No logras, sin embargo, sentir el temor de ese niño, el miedo de otro rechazo? ¿El temor de que volvieran a burlarse de él, de que lo ridiculizaran de nuevo?

¿No te habría gustado que Cenicienta hubiera ido hasta donde él se encontraba? Pues, ¿sabes qué? ¡Fue lo que ella hizo!

Cenicienta observó al pequeño. Al instante comenzó a caminar hacia él. Con mucha cortesía pero con seguridad avanzó poco a poco entre los numerosos niños, y finalmente se soltó. Corrió rápidamente, se arrodilló al nivel de los ojos del asombrado niño, y le estampó un beso en el rostro.

—*El trueno apacible*

Cuando te topas
con una persona dadivosa,
estás donde se produce gracia.

LA GRACIA DE DIOS
SE HA MANIFESTADO
PARA SALVACIÓN
A TODOS LOS HOMBRES.

Tito 2.11

GRACIA EN CASCADA

Amy Wells sabía que pronto su tienda para novias estaría muy concurrida. Ya que las novias que pensaban casarse en un futuro no muy lejano, aprovecharían los días posteriores al de Acción de Gracias. Con bastante frecuencia los suegros y hermanos de los novios se pasaban la mayor parte del fin de semana festivo mirando trajes de boda en la tienda de Amy, en San Antonio, Texas...

Mientras tanto, Jack Autry se encontraba en el hospital, en el otro extremo de la ciudad, luchando entre la vida y la muerte. Estaba en la etapa final de un melanoma. Había sufrido un colapso dos días antes, por lo que lo llevaron a toda prisa a la sala de emergencias. Su familia política estaba en la ciudad no solo para celebrar juntos el Día de Acción de Gracias sino también para ayudar con los preparativos de la boda de su hija. A Chrysalis le faltaban solo unos meses para casarse. Las mujeres de la familia habían planeado pasar el día escogiendo el vestido de novia. Pero ahora con Jack en el hospital, Chrysalis se negaba a ir de tiendas.

Jack insistió. Después de mucha persuasión, ella, su madre, su futura suegra, y sus hermanas fueron a la tienda de novias. La propietaria observó que las mujeres estaban un poco calladas, pero supuso que simplemente era una familia silenciosa. Ayudó a Chrysalis para que se probara un vestido tras otro hasta que encontró uno de seda y satín, color marfil, y tipo duquesa que le agradó a todos. A Jack le gustaba llamar princesa a su hija, y el vestido, comentó ella, la hacía sentir como una princesa de verdad.

Entonces fue cuando Amy oyó hablar acerca de Jack. Por estar enfermo de cáncer, el hombre no había podido venir para ver a su hija con el vestido puesto. Y como consecuencia de las facturas médicas la familia tampoco estaba en condiciones de pagar el traje de forma inmediata. Parecía que Jack Autry iba a morir sin ver a su hija vestida de novia.

Amy había escuchado suficiente. Le dijo a Chrysalis que se llevara el vestido y el velo al hospital y que se los pusiera para que su padre pudiera verla. Ella lo contaba así: «Yo sabía que lo que estaba haciendo estaba bien. En mi mente no había ninguna duda. Dios me estaba hablando». No le pidió a la familia ninguna tarjeta de crédito. Ni siquiera un número de teléfono. Les pidió que fuesen directamente al hospital. A Chrysalis no hubo que decírselo dos veces.

Cuando llegó a la habitación de su padre, lo encontró medicado y durmiendo. Mientras los miembros de la familia lo despertaban, las puertas de la habitación se abrieron lentamente, Jack Autry vio a su hija, envuelta en unos catorce metros de seda que caía formando ondas. Pudo permanecer despierto apenas veinte segundos.

«Pero esos veinte segundos fueron mágicos», recuerda la joven. «Mi padre me vio llevando el más hermoso de los vestidos. Él estaba muy débil. Sonrió y simplemente se quedó mirándome. Le agarré la mano, y él tomó la mía. Le pregunté si yo parecía una princesa... y él asintió. Me miró un poco más, y parecía estar a punto de llorar. Entonces volvió a dormirse».

Tres días después el padre de la joven murió.[11]

La generosidad de Amy creó un momento de gracia propagándose en cascada. De Dios hacia Amy, de ella hacia Chrysalis, y de esta última hacia Jack.

¿No es así como funciona?

—Gracia

Jesús

representó el modelo divino para el ser humano.

* ❧ ◆ ❧ *

Siempre sincero en medio de la hipocresía.
Bondadoso a toda costa
en medio de un mundo cruel.

POR LA MISERICORDIA DE JEHOVÁ
NO HEMOS SIDO CONSUMIDOS,
PORQUE NUNCA DECAYERON SUS MISERICORDIAS.
NUEVAS SON CADA MAÑANA.

Lamentaciones 3.22—23

GRACIA QUE SE OFRECE A TODOS

Hace algunos años un reportero que cubría el conflicto en Sarajevo vio a una niñita a quien un francotirador había disparado. La bala le había arrancado la parte trasera de la cabeza. El periodista dejó de lado la libreta y el lápiz y abandonó la profesión por algunos minutos. Corrió hacia el hombre que sostenía a la niña y les ayudó para que se metiesen en su coche.

«Dese prisa, amigo», clamaba el hombre que sostenía a la niña ensangrentada mientras el reportero pisaba el acelerador corriendo hacia el hospital. «Mi niña está aún viva».

Un momento después volvió a suplicar: «Dese prisa, amigo. Mi niña aún respira».

Un instante después: «Dese prisa, amigo. Mi niña aún está caliente».

Finalmente: «Dese prisa. ¡Oh, Dios mío! Mi niña se está enfriando».

Para cuando llegaron al hospital la niñita había muerto. Mientras los dos hombres estaban en el cuarto de baño, lavándose la sangre de las manos y la ropa, el hombre se volvió hacia el reportero y le dijo: «Todavía me queda una tarea terrible por hacer. Debo ir a decirle al padre de la pequeña que su hija está muerta. La noticia va a destrozarlo».

El periodista estaba asombrado, miró al hombre que se mostraba muy apenado y le dijo: «Creí que era hija suya».

Y devolviéndole la mirada le contestó: «No, pero es como si todos los niños fuesen hijos nuestros».[12]

—Más allá de tu vida

Quienes hemos
recibido tanto amor,
¿cómo no podemos
amar a los demás?

ESA BONDAD DE DIOS NOS ENSEÑA A
RENUNCIAR A LA MALDAD Y A LOS DESEOS
MUNDANOS, Y A LLEVAR EN EL TIEMPO
PRESENTE UNA VIDA DE BUEN JUICIO,
RECTITUD Y PIEDAD.

Tito 2.12 DHH

Puesto que Dios nos ha perdonado, podemos perdonar a otros.

───────── ❦ ─────────

Puesto que él tiene un corazón perdonador,

nosotros podemos tener un corazón perdonador.

Podemos tener un corazón como el de él.

Y TODO LO QUE HACÉIS,
SEA DE PALABRA O DE HECHO,
HACEDLO TODO EN EL NOMBRE
DEL SEÑOR JESÚS, DANDO GRACIAS
A DIOS PADRE POR MEDIO DE ÉL.

Colosenses 3.17

UNA CANCIÓN EN EL CORAZÓN

Barbara Leininger y su hermana Regina eran hijas de inmigrantes alemanes que se habían asentado en la Pennsylvania colonial. Las dos niñas tenían once y nueve años de edad cuando fueron secuestradas. En un día de otoño de 1755, estaban en la cabaña de la granja con su padre y su hermano, cuando dos guerreros indios abrieron de golpe la puerta... El padre de las chicas les ofreció alimentos y tabaco a los indios. Les dijo a las niñas que fueran a buscar un cubo de agua ya que los hombres estarían sedientos. Mientras las jovencitas salían disparadas, les habló en alemán, diciéndoles que no regresaran hasta que los indios se hubieran ido. Ellas corrieron hacia un arroyo cercano.

Más tarde los indios encontraron a las niñas ocultas en la maleza y las sacaron a rastras... Los días se convirtieron en semanas mientras los indios llevaban a las cautivas hacia el oeste. Barbara hizo todo lo posible por mantenerse cerca de Regina y darle ánimo. Le recordó a su hermana la canción que su madre les había enseñado:

Sola, sin embargo no estoy sola
en esta soledad tan triste
siempre a mi Salvador siento cerca.[13]

Al llegar a cierto lugar los indios se dispersaron, separándolas... A las dos muchachas las obligaron a marchar en direcciones diferentes. El viaje de Barbara continuó varias semanas, adentrándose en lo profundo del bosque cada vez más... La chica perdió todo contacto con su familia y compañeros colonos.

Tres años después, Barbara escapó. Anduvo por los bosques durante once días, llegando finalmente a salvo a Fort Pitt... Nadie le dio noticias de Regina.

Barbara pensaba todos los días en su hermana, pero no tuvo ningún motivo para la esperanza hasta seis años después. Para entonces se había casado y estaba criando su propia familia cuando recibió la noticia de que habían liberado a 206 cautivos, llevándolos a Fort Carlisle. ¿Podría ser Regina uno de ellos?

La joven y su madre se pusieron en camino para averiguarlo. El aspecto de los refugiados las asombró. Casi todos habían pasado años aislados en aldeas, separados de cualquier colono. Estaban demacrados y confundidos. Sus rostros tan pálidos como la nieve.

Barbara y su madre recorrieron la fila de arriba abajo, pronunciando el nombre de Regina, escudriñando los rostros y hablando alemán. Nadie las había devuelto la mirada ni contestado nada. Madre e hija se alejaron con lágrimas en los ojos y le dijeron al coronel que Regina no estaba entre los rescatados.

El hombre les pidió que se asegurasen. Preguntó acerca de imperfecciones o marcas de nacimiento que pudieran servirles de identificación. Acerca de reliquias familiares, algún collar o pulsera. La madre negó con la cabeza. Regina nunca había llevado joyas. El coronel tuvo una última idea: ¿Había algún recuerdo o canción de la infancia?

Los rostros de las dos mujeres resplandecieron. ¿Y si probaban con la canción que entonaban cada noche? Barbara y su madre se volvieron de inmediato y comenzaron a recorrer lentamente las filas. Mientras caminaban, cantaban: «Sola, sin embargo no estoy sola... » Durante un buen rato nadie respondió. Entonces de repente, Barbara oyó un fuerte grito. Una chica alta y esbelta salió corriendo de la muchedumbre hacia su madre, la abrazó, y comenzó a cantar el verso.

Regina no había reconocido a su madre ni a su hermana. Había olvidado hablar en inglés y alemán. Pero recordó la canción que le habían puesto en el corazón cuando era una niña.[14]

Dios también pone una canción en los corazones de sus hijos. Un cántico de esperanza y vida. «Puso luego en mi boca cántico nuevo» (Salmo 40.3).

—*Gracia*

VIDA Y MISERICORDIA ME CONCEDISTE,
Y TU CUIDADO GUARDÓ MI ESPÍRITU.

Job 10.12

La misericordia de Cristo precedió a nuestras faltas;

· · · · · · · · · · ❖❖ · · · · · · · · ·

nuestra misericordia debe preceder a las faltas de otros.

PODEROSO ES DIOS PARA HACER
QUE ABUNDE EN VOSOTROS TODA
GRACIA, A FIN DE QUE,
TENIENDO SIEMPRE EN TODAS LAS COSAS
TODO LO SUFICIENTE,
ABUNDÉIS PARA TODA BUENA OBRA.

2 Corintios 9.8

La gracia redentora nos
salva de nuestros pecados.

La gracia que sostiene,
nos encuentra en un lugar de necesidad

y nos equipa con

valor, sabiduría

y fortaleza.

LA GRACIA SANADORA DEL SEÑOR

La mujer había estado sangrando durante doce años. En el momento en que se acercó a Jesús no le quedaba nada. Los médicos se habían llevado su último centavo. El diagnóstico le había robado su última esperanza. Y la hemorragia la había despojado hasta de la última gota de energía. No tenía dinero, amigos, ni más opciones. Sin poder resistir ya más su situación, y con un anhelo y una oración en el corazón, ella se abrió paso entre la multitud.

Cuando su mano tocó el manto del Señor fue como si recibiese una transfusión. Jesús liberó algo desde su interior y ella lo recibió en su ser.

A Jesús no le molestó que la mujer acudiera a él como último recurso. Tan solo le importó que hubiera venido. Él sabe que algunos de nosotros necesitamos mucho tiempo para darnos cuenta de nuestra realidad, por lo que no nos lo contabiliza. Quienes llegan casi al final de la jornada obtienen la misma paga que quienes tocan el silbato de la mañana. Imagino que eso es lo que hace que la gracia sea gracia.

—*Dios se acercó*

El Señor no nos da lo que merecemos. Él ha bañado al mundo con su gracia.

¿A quién le ofrece Dios
su regalo de gracia?

¿A los más brillantes?
¿A los más hermosos o
encantadores?

No.

Su regalo es para todos
nosotros: mendigos y
banqueros, clérigos y
empleados, jueces y conserjes.

.... ❖❖ ....

Para todos
los hijos de Dios.

De todas las obras
maravillosas del
Señor, la

gracia

es,
en mi opinión, la

obra magna.

NOTAS

1. John Bishop, *1041 Sermon Illustrations, Ideas, and Expositions*, ed. A. Gordon Nasby (Grand Rapids: Baker Book House, 1952), p. 213.

2. Jim Reimann, *Victor Hugo's Les Misérables* (Nashville, TN: Word Publishing, 2001), p. 16.

3. Ibid., pp. 29–31.

4. "Rio de Janeiro's Garbage Workers Make Art-Project Out of Trash", Street News Service, 2 mayo 2011, http://www.streetnewsservice.org/news/2011/may/feed-278/rio-de-janeiro%E2%80%99s-garbage-workers-make-art-project-out-of-trash.aspx.

5. David Jeremiah, *Captured by Grace: No One Is Beyond the Reach of a Loving God* (Nashville: Thomas Nelson, 2006), pp. 9–10 [*Capturados por la gracia: Nadie está más allá del alcance de un Dios de amor* (Miami: Unilit, 2008)].

6. Ibíd., p. 11.

7. Robin Finn, "Pushing Past the Trauma to Forgiveness", *New York Times*, 28 octubre 2005, www.nytimes.com/2005/10/28/nyregion/28lives.html.

8. Jonathan Lemire, "Victoria Ruvolo, Who Was Hit by Turkey Nearly 6 Years Ago, Forgives Teens for Terrible Prank", *New York Daily News*, 7 noviembre 2010, http://articles.nydailynews.com/2010-11-07/local/27080547_1_victoria-ruvolo-ryan-cushing-forgives.

9. Ibid.

10. "Nicholas Winton, the Power of Good", Gelman Educational Foundation, www.powerofgood.net/story.php, y Patrick D. Odum, "Gratitude That Costs Us Something", Heartlight, www.heartlight.org/articles/200909/20090922_gratitude.html.

11. Michael Quintanilla, "Angel Gives Dying Father Wedding Moment", *San Antonio Express-News,* 15 diciembre 2010. Usado con permiso de Chrysalis Autry.

12. Sam Nunn, "Intellectual Honesty, Moral and Ethical Behavior; We Must Decide What Is Important", (discurso, National Prayer Breakfast, Washington, DC, 1 febrero 1996).

13. Tracy Leininger Craven, *Alone, Yet Not Alone* (San Antonio, TX: His Seasons, 2001), p. 19.

14. Ibíd., pp. 29–31, 42, 153–54, 176, 190–97.

FUENTES

Con la excepción de la cita en la página 93, todo el material nuevamente traducido para este libro fue publicado originalmente en las siguientes obras de Max Lucado. Todos los derechos de autor de las obras originales están en posesión del autor, Max Lucado.

En el ojo de la tormenta (Nashville: Grupo Nelson, 2003)

Trueno apacible, El (Nashville: Grupo Nelson, 1996).

En manos de la gracia (Nashville: Grupo Nelson, 1997).

Gran casa de Dios, La (Nashville: Grupo Nelson, 1998).

Como Jesús (Nashville: Grupo Nelson, 1999).

Él escogió los clavos (Nashville: Grupo Nelson, 2001).

Y los ángeles guardaron silencio (Miami: Unilit, 1993).

Dios se acercó (Miami: Unilit, 1992).

No se trata de mí (Lake Mary, FL: Casa Creación, 2004).

Cura para la vida común (Nashville: Grupo Nelson, 2005).

Enfrente a sus gigantes (Nashville: Grupo Nelson, 2006).

3:16: Los números de la esperanza (Nashville: Grupo Nelson, 2007).

Más allá de tu vida (Nashville: Grupo Nelson, 2010).

Max habla sobre la vida (Nashville: Grupo Nelson, 2011).

Gracia (Nashville: Grupo Nelson, 2012).

LA CITA EN LA PÁGINA 93: Mi amigo difunto Tim Hansel dijo algo semejante en su libro *You Gotta Keep Dancin'* (Elgin, IL: David C. Cook Publishing, 1985), p. 107.

DISFRUTA ESTOS OTROS LIBROS DE MAX ACERCA DE LA GRACIA...

Gracia

9781602558236

9781602558250
Gracia DVD
Guía líder y del participante

Biblia Gracia para el momento

9781602551213
(Piel italiana)

9781602551220
(Rústica)

Gracia para todo momento

9780881136272

Gracia para todo momento volumen II

9780881130768

Jesús ya conoce
el valor de la gracia.
Ya conoce
el precio del perdón.
Pero de todos modos
lo ofrece.